EL desORDEN DE MI CABEZA

EL ~~DES~~ORDEN DE MI CABEZA

Yalez

Círculo Rojo
EDITORIAL

Segunda edición: agosto 2025

Primera edición: abril 2024

Depósito legal: AL 866-2024

ISBN: 978-84-1073-170-7

Impresión y encuadernación: Editorial Círculo Rojo

© Del texto: Yalez
© Maquetación y diseño: Equipo de Editorial Círculo Rojo

Editorial Círculo Rojo
www.editorialcirculorojo.com
info@editorialcirculorojo.com

Impreso en España — Printed in Spain

A mi persona vitamina:
mi madre

A mi pequeña Layla:
mi hermana

A todos mis demonios:
a mí misma

La juventud, tiempo de descubrimientos y oportunidades ilimitadas, periodo donde los sueños se hacen tangibles y las pasiones encuentran su voz. A través de la resiliencia y la búsqueda incesante de ayuda y apoyo, podemos encontrar la luz incluso en los momentos más oscuros y desafiantes. No importa lo largo que sea el camino que tengamos que recorrer, cada paso nos acerca un poco más hacia un futuro radiante, lleno de promesas y realizaciones. En esa travesía, descubrimos la belleza en los pequeños detalles, en las sonrisas compartidas y en los logros alcanzados.

En el torbellino de pensamientos que habita mi cabeza, busco la claridad que alumbra mi camino.

Prólogo

Vivir mi vida con plenitud, aprovechando cada momento y superando los obstáculos que se cruzan en mi camino. Aprender a encontrar la belleza en mitad del caos que habita en mi mente y valorar cada experiencia como una oportunidad de crecimiento personal. Mi vida es un viaje en constante evolución, donde mis decisiones y acciones moldean mi destino. Me atrevo a explorar, a ser auténtica y a seguir adelante, siempre en busca de la realización y la felicidad genuina. Confío en mi capacidad para superar cualquier adversidad y construir una vida llena de significado y propósito, acorde con mis valores y mis sueños más profundos.

Repítelo cada día: SONRÍE :)

1. Felicidad

Nunca pensé que podría llegar hasta aquí. Desde ya os doy las gracias y os invito a seguir leyendo.

Qué difícil es comenzar a escribir un libro, miles de ideas que cuesta plasmar, miles de preguntas sin un orden coherente para empezar. El desorden de mi cabeza que habita sin cesar y no se marcha. Cada día aparece de una nueva forma y nunca sé cómo detallar ese pensamiento en el papel y que ustedes, queridos lectores, comprendan con la misma claridad que aparece en mí.

Ahora sí, comencemos este caos:

Soy Yadira una chica normal, con una vida aparentemente normal y un desorden en la cabeza bastante normal; pero: ¿qué es normal?

¿Qué es la felicidad? Según Google, el diccionario y las personas sabelotodo, es un estado de ánimo de la persona que se siente plenamente satisfecha por gozar de lo que desea o por disfrutar de algo bueno. Entonces, ¿me estás diciendo que siempre que nos gusta algo somos felices o que disfrutamos de dicha felicidad cuando creemos que algo nos gusta?

Empecemos de nuevo. Si de verdad somos felices, ¿por qué decimos?: «Me gustaría borrar momentos de mi pasado, dejarlos atrás». ¿Verdad?

Pero lo que no decimos es: «Mi pasado es mi pasado, mi presente es mi realidad y mi futuro es mi duda». Es decir, tengo un pasado del que aprender, un presente que vivir y un futuro que crear y eso es siempre así, desde que nacemos.

Porque sabemos que lo que llega es por algo y lo que se va, también. Porque debemos disfrutar de las pequeñas cosas, y es ahí donde yo muestro la teoría de la felicidad.

Cada persona es feliz a su manera, quizás tú eres feliz cuando Messi marca un gol, pero eso a mí me importa una mierda.

Es una pena que vivamos en una sociedad donde nos disculpamos por decir lo que sentimos, es como pedir perdón por ser real, por ser feliz. Ahora tienes que encajar en la sociedad y, aunque no seas feliz, aparentarlo, hacer fotos a todos los sitios a los que vas, a las comidas que tomas, selfies donde no aparezca ninguna imperfección, que parezca que eres sociable, simpático, divertido, que aparentes tener dinero, aunque no tengas un duro, que viajes, que tu vida sea perfecta, que te encantan los atardeceres, las frases de Mister Wonderful y las ochenta mil chorradas más que subimos a las redes sociales.

¡¡Joder!!, ¿qué pasa?, ¿¿que todo el mundo es feliz??, ¿o es que solo aparentamos ser felices?

El mundo está triste, porque no es real, nos seleccionamos por normales, discapacitados, enfermos, ricos y pobres, pero no nos damos cuenta de que, a pesar de todo eso, somos ¡personas! y tenemos el mismo derecho. Pero la puta sociedad de mierda hace que nos olvidemos.

¿Dónde están esos padres que trabajan con sus hijos la salud mental? ¿Cuánto dinero se invierte en ellos, en vez de en videojuegos y juguetes materiales? ¿Cuántos suicidios hay de jóvenes cada día?

Yo, Yadira, lloré, vomité, me pegué, me hice daño, pensé en la muerte casi todos los días, y es que no estaba viviendo, sino sobreviviendo.

Estaba tan metida en un pozo sin luz, sola, completamente vacía, tan solo con mi compañía interior, tan débil, con tan poca fuerza, que no podía agarrarme con fuerza a todas las cuerdas que me enviaban, y se rompían. Pero yo nunca me rendí, entonces recogí cachos de cada cuerda y día a día, poco a poco, fui haciendo una cuerda de muchos colores diferentes, de energías distintas, unas más largas, otras más cortas, pero de la misma fuerza, lo que me permitió unirlas todas y hacer mi propia cuerda. Y de esa forma llegó el día en que, sin darme cuenta, veía cada vez más luz y los días ya no se hacían tan largos, esas cuerdas me ayudaban a sentir la valentía, la fuerza y el coraje. Haciendo de mí una persona orgullosa de mí misma, porque estaba completamente rota y vacía.

Todas las personas, y me incluyo, tenemos un sueño y quizás es inalcanzable y claro que es un camino largo y duro, y no siempre habrá felicidad. Pero es el camino que quiero, porque es el que creo que puede hacerme feliz de verdad.

Porque no quiero convertirme en una de esas personas a las que no apasiona su trabajo y van por costumbre, que tienen un sueño frustrado que nunca han podido realizar. Yo quiero intentarlo, equivocarme, fallar, caerme, tropezar con una maldita piedra mil veces, pero seguir siempre ese caminito, y si algún día se acaba podré decir: ¡¡lo logré!!

La capacidad más alta del ser humano es aprender para entender, y entender es ser libre, porque hoy quiero concienciaros de que, aunque vean a las personas de su alrededor «felices», les pregunten si realmente lo son.

Porque hace falta gente buena, con ganas de abrazar fuerte, de amar sin miedo y de ser felices de verdad. Os lo digo en serio, debemos de ser constantes, positivos, aprender a andar descalzos y a querernos, porque la única persona con la que vamos a estar siempre es con nosotros mismos.

Porque tenemos que estar dispuestos a dejar la vida planificada y a vivir más el directo, porque: ¿y si te mueres mañana?

El día que yo comprendí que me voy a llevar lo que he vivido, empecé a vivir lo que me quiero llevar, que hay personas geniales, por supuesto, pero que el arte está en saber distinguirlas y aceptar que mientras tú eres feliz a tu manera, yo soy feliz de otra, y no es ni mejor ni peor.

Porque hace falta disfrutar, ¡¡cojones!! Porque la vida son dos días y ya llevo medio escribiendo.

***

Todo llega y todo pasa,

a veces arrasa,

otras rebasa,

pero pasa y se va.

Por eso:

vívelo,

disfrútalo,

hazlo tuyo

y suéltalo.[1]

---

[1] Mi mensaje favorito de este libro.

2. Tulipán Azul

El desorden de mi cabeza sigue ahí, no se va y parece que nunca se marcha ese zumbido desagradable que me impide escuchar lo bonito, llamado vida.

En el tiempo de recuperación en el hospital, me crucé con gente que recordaré siempre, personas con las que compartí tiempo, espacio y, sobre todo, experiencias y vivencias ajenas, que se volvían comunes cuando hablabas con ellos.

Nunca olvidaré a Guadalupe, aquella que cuando tenía pensamientos suicidas, pensaba en un prado verde y su perro o le rezaba a Dios.

Aprendí que el ser humano es el mayor monstruo para sí mismo. Que somos cada vez más egoístas y siempre hay culpabilidad esparcida.

Había enfermeras a las que les gustaba su trabajo, y eso se notaba, lo daban todo por nosotros, te dedicaban tiempo, cariño, te sonreían y de vez en cuando te daban galletas con leche.

Nunca me olvidaré de una compañera de habitación que con voz dulce, todas las mañanas me decía: «Despierta ya, pequeña». Tampoco la sonrisa de otra compañera, al decirme que se iba de alta, con una sonrisa sincera, de pura felicidad.

Tener un psiquiatra que se preocupaba incluso de mis pechos, porque me salía leche.

Gracias, Jorge.

Los abrazos de mi primera psicóloga en el hospital y todas sus técnicas.

Gracias, María.

El despertar de una auxiliar, que me llamaba «Bella Durmiente» o una celadora que siempre nos decía «babies».

Las tonterías de un enfermero al que solíamos llamar Jack Sparrow.

La pasión por el fútbol de una enfermera que siempre, siempre tenía una sonrisa.

Los 40 Classic de un paciente al que le encantaba el *rock*.

Jugar a juegos de mesa por las noches con los demás chicos.

Lo incómodo que es el supositorio para cagar.

Las chuches o el Kit Kat que traían a escondidas, como si fuera la mayor droga del mundo.

Un hombre a quien decíamos 59 y él a mí me decía 17.

Aquel que caminaba lento y siempre me decía «hola» en los pasillos.

Mi querida compañera, un manojo de nervios, que iba veinte veces al baño en un día.

La sonrisa de mi segunda psicóloga, quien, sin duda, dejaba entrar luz en mí.

Las comidas ricas, como, por ejemplo: la tortilla de patatas o el pollo asado con flan de huevo.

Preguntar siempre la hora, porque andas como pollo sin cabeza.

Pero, sobre todo, lo que voy a recordar con esmero, fuerza y cariño es la increíble supervivencia que saqué de mí misma allí.

Sin olvidarme de Elena, mi querido Tulipán Rosa. Algo más que una simple compañera de habitación.

No sé si hacer amigos en el hospital es bueno o no, pues al final conoces fielmente a su yo interior.

No tienen ni dinero ni objetos distintos, visten el mismo pijama azul, comen lo mismo y duermen en el mismo tipo de camas que tú.

Desde mi experiencia, conocí a mucha gente y, aunque no con todos compartes tus mierdas, sí compartes las veinticuatro horas del día durante mucho tiempo, lo que hace una convivencia, que es preferible que sea buena.

Nos solemos dar los teléfonos para, una vez que salgamos del hospital, quedar para tomar algo en aquella que dicen «la vida real».

Aquí dentro es, como siempre, el mismo día con «D» de domingo de mierda, metidos en una burbuja o, más bien, una pecera.

Siempre le deseaba lo mejor a cada persona que se iba de alta y le daba la bienvenida al quien entraba en planta de psiquiatría.

Mi Tulipán Rosa, es decir, Elena, me escribió:

Ella a veces se hace pequeña y tiene miedo de no estar a la altura. Desconozco en qué momento esa idea entró en su corazón o, lo que es peor aún, en su cabeza. Supongo que una vez se sintió tan vulnerable o cansada que olvidó cerrar puertas y ventanas, o quizás en algún instante alguien le dijo que para ser valiosa tenía que saltar bien alto sobre una valla, que una persona ajena a ella le ponía.

Qué más da, el caso es que ella tiene en los ojos todas las ganas del mundo de vivir, pero a veces se hace pequeña y no se atreve. Cree que cada paso al frente será un error o fallará a alguien, pero lo que no sabe es que cuando da un paso al frente se vuelve más grande y fuerte. Tiene toda la valentía del mundo en sus pies y con tan solo mover uno de ellos hacia adelante se abriría todo un camino de nuevas oportunidades a su paso.

El caso es que ella se siente pequeña y se pone de puntillas cada día. No sé si por despiste o por olvido. Ella a veces no recuerda que un día aprendió que lo importante no era alzar los pies hacia arriba a la altura de nadie, sino dar un paso firme al frente, a la altura de su grandeza.

Supongo que ella ya sabe todo esto que hoy le escribo, pero de lo que estoy segura es de que ella desconoce que es tan grande que, con tan solo levantar la cabeza, haría sombra a cualquier miedo que se le pusiese por delante.

Nos iluminaremos siempre.

Elena, tu Tulipán Rosa.

***

Esto también pasará.[2]

---

[2] La frase favorita de mamá.

3. Familia

Yo nací de una manera un poco peculiar y fui creciendo también de una forma peculiar, me encantaba hablar y todas las maestras me decían que si comía lengua en el desayuno, pero, en realidad, era tan pequeña que lo que tomaba por las mañanas era mi biberón con cereales.

Jugaba a ser mayor y la ilusión por los Reyes Magos desapareció muy pronto. Mi infancia fue fría, y no por falta de cariño, porque de eso rebosa por todos lados.

Nunca olvidaré a mi bisabuela, que aún sigue conmigo, los huevos con patatas que siempre comía en su casa, lavar la ropa sucia en la panera o ir a comprar chuches y un ducado rubio.

El nacimiento de mis primos pequeños fue especial y siento muchos nervios cada vez que alguien de mi familia recibe una buena noticia.

Tampoco olvidaré a mis tíos, quienes fueron como mis hermanos en esa etapa de mi vida.

Nos peleábamos, por supuesto, reñíamos, por supuesto, pero también nos amábamos.

Éramos los tres mosqueteros.

***

Yadira es aquella que cuida su delicadeza interior, cuida eso que hay dentro de ella y no pueda apagarse. Se trata con esmero y calma.

Ella baila y se mueve, nunca se apaga. No se rinde. Lucha. Pero necesita cuidados, no unos superespeciales, pero si se apaga, costará volver a encenderla.

En la oscuridad, te ayudará y dará luz, pero si se asusta se apaga, si la mueves o soplas demasiado bruto, se hace débil, hasta el punto de rendirse.

Se puede encender de varias formas, incluso hay personas que pueden hacerlo, al igual que pueden apagarla.

Siempre da calor, pero necesita un poco de chispa. Puede ser de multitud de colores, incluso puede oler. Pero el color y el olor de su luz nunca cambia.

Es tierna y libre, pero si coge fuerzas hay que tener cuidado, porque puede arrasar con todo.

Cuando la enciendes por primera vez, nace y empieza flojita y cada día que pasa esa luz se enciende y se apaga.

Como una vela pequeña que lucha por seguir grande.

***

Layla, mi hermana pequeña.

Me sumerjo en el resplandor único que emana de la sonrisa de mi hermana pequeña, un fulgor que se asemeja a la luz de las estrellas en una noche serena. Su sonrisa, como una estrella fugaz que danza en el cielo, pinta mi mundo con destellos de felicidad y deja una estela brillante en mi corazón.

Cada vez que sus labios curvan esa maravillosa sonrisa, es como si el firmamento se abriera ante mis ojos. Su risa, como pequeñas estrellas parpadeando, ilumina las sombras de cualquier día nublado, llenando mi ser de una alegría que parece infinita.

El día de su nacimiento resuena en mi memoria como el destello inaugural de una nueva constelación. Su llegada, más que un simple evento, fue la creación de una estrella radiante, destinada a tejer sus rayos luminosos en los tejidos mismos de nuestras vidas.

La esencia mágica que es su sonrisa, esa estrella que brilla con luz propia. Cada risa suya es una sinfonía celestial, una melodía que eleva mi espíritu y me conecta con la armonía del universo. Su risa, como pequeños destellos estelares, es un recordatorio constante de la belleza efímera, pero eterna que nos regala cada día.

Estoy enamorada de la estrella que sonríe y la luz radiante que comparte con el mundo. En sus risas encuentro la poesía que embellece mi existencia y la conexión eterna con esa estrella, mi hermana, cuya luz ha iluminado nuestro universo desde el día en que hizo su entrada triunfal en nuestras vidas.

Mi hermana me da las fuerzas que necesito en un día de tormenta, me seca las lágrimas cuando no puedo más y me abraza tanto que paraliza mi mundo.

Y es que ella es la flor más bonita, aquella que destaca con un poquito de luz. Cuando me dice «te amo», yo solo tengo ganas de besarla mucho mucho.

Cuando juego con ella y veo esa luz en su cara, soy feliz. Porque su felicidad va arraigada a la mía.

Gracias, mamá por darme la estrella más bonita del universo.

***

Madre es para mí fortaleza, coraje y valentía. Es el abrazo que cura, el beso que sana y la sonrisa que da pura oxitocina y alegría.

Para mí, sin duda, mi persona vitamina que me genera felicidad y, en algunas ocasiones, rabia e ira.

Ella es supercabezona, y a mí nadie me gana en ello.

Veo en mí de ella mucha disciplina y fuerza, pero sobre todo orden, es decir, estamos obsesionadas con la puta limpieza.

Es increíble cómo y cuánto me parezco a ella, ambas tenemos generosidad, nos ayudamos y creo que tenemos mucha bondad en nuestro interior.

Me gusta de ella la capacidad de ver la positividad de las cosas, después de la vida que ha tenido, aún sigue riendo.

Lo que más odio es su impuntualidad, es siempre ir con prisas, quiere hacer muchas cosas a la vez y cuando debería estar tranquila y meditar una decisión, no lo hace, y eso es ¡irritante!.

Recuerdos tengo muchos, pues al final hemos crecido juntas, como hermanas, y eso crea un vínculo.

Recuerdo el viaje a Disneyland o saber que estaba en alguna butaca mientras actuaba en el López. Saber que estaba ahí cuando me operé o incluso cuando el mundo se me venía abajo y me sentía sola.

Una herida marcada es la falta de privacidad o, sobre todo, de intimidad.

Le guardo el rencor de empezar una relación tan rápido, que me dijera «solo es un amigo», en vez de confiar en mí y contármelo antes.

Sin duda, el color que mi madre me genera es el amarillo, pues expresa alegría y luz. Es que, sin duda, ¡es mi sol! Como parte del cuerpo, sería la sonrisa, pues siempre siempre siempre coge sentido, y es que dice que la curva más bonita que tenemos para quitar todas esas penas es esa, la sonrisa.

De aroma, sería como un campo lleno de girasoles, verano y relax. Una puesta de sol. Un amanecer. La playa. La brisa. El mar. Y la vida.

De sabor sería un helado de vainilla y su textura sería espumosa, suave, en ocasiones dura, pero fácil de ablandar.

Proyectos cumplidos hay varios, como el hecho de viajar, estudiar ambas o conseguir terminar una película, porque, creedme, mi madre se duerme en todas las que le pongo y para que le guste una, tenemos que ver tres o cuatro antes.

Tenemos pendiente hacer el Camino de Santiago y viajar por todo el mundo, al igual que hacernos un tatuaje donde diga: «Esto también pasará».

De mamá lo que me llevo es su pausa, su calma, su coraje, su disciplina, sus fuerzas y sus ganas de vivir.

***

Negrino, eres una persona magia, apareciste de la nada, te ganaste mi confianza y hoy en día puedo llamarte «padre» con todas las letras.

Gracias por absolutamente todo, me encantan esas manías que tienes, salir a cazar por las noches, hablar de nuestras cosas en las comidas, que no dejes que me eche pareja y cómo y cuánto nos mimas y nos quieres a tus tres princesas.

Eres un ser excepcional, alguien que ha creado magia en cada capítulo de mi vida. Sin necesidad de palabras, tu presencia evoca la esencia misma de lo extraordinario.

Tu pasión por el campo y la caza revelan la conexión profunda que tiene con la naturaleza, como si estuviera sintonizado con el latido mismo de la tierra.

En cada herramienta que toca y en cada rastro que sigue en el bosque veo un reflejo de la herencia que lleva consigo, tu padre. Sin necesidad de parentesco biológico, pero con un lazo indisoluble de amor, habilidad y conexión con la naturaleza que fluye como un río eterno.

***

Hay que aprender a decir que no.[3]

---

[3] Lo aprendí de ella.

4. Suicidio

Que palabra más tabú, ¿no?

Suicidio.

Apenas se habla de ella y si la nombran se te suelen poner los vellos de punta y decir: «Vamos a cambiar de tema».

Pero creo que es necesario familiarizarse, conocerla, darle la importancia que necesita y no tenerle miedo, sino todo lo contrario, acompañarla.

Empieza diciéndolo: «suicidio».

La vida, en su naturaleza misma, está llena de desafíos. A veces, nos encontramos con obstáculos que parecen insuperables, momentos en los que el peso del mundo parece aplastarnos.

Sin embargo, es en estos momentos de adversidad donde nuestra verdadera fortaleza se pone a prueba y donde encontramos la oportunidad de superarnos a nosotros mismos.

La superación no significa evitar los desafíos, sino enfrentarlos con determinación y coraje. Cada obstáculo es una oportunidad de crecimiento y aprendizaje.

Cuando nos encontramos en mitad de la tormenta, a menudo descubrimos una fuerza interior que ni siquiera sabíamos que teníamos.

La superación no es un acto único, sino un proceso continuo. Requiere paciencia, perseverancia y la voluntad de seguir adelante, a pesar de las dificultades.

Es un recordatorio constante de que somos capaces de adaptarnos, evolucionar y encontrar soluciones incluso en las situaciones más desafiantes.

Cada persona tiene su propia historia de superación, su propia batalla que librar. Lo que puede parecer insuperable para uno, puede ser un mero obstáculo para otro.

Pero lo que todos compartimos es la capacidad de levantarnos, de aprender de nuestras caídas y de seguir avanzando hacia nuestros sueños y metas.

La superación también implica el apoyo mutuo. A menudo, no podemos enfrentar nuestros desafíos solos. La comunidad, la amistad y el amor son recursos poderosos que nos ayudan a superar las dificultades juntos. En tiempos de dificultad, recordemos que no estamos solos y que hay personas dispuestas a extendernos la mano.

Nuestro potencial es ilimitado, y cada desafío es una oportunidad para crecer y brillar aún más.

La vida puede ser difícil, pero nuestra capacidad de superación es aún más fuerte.

Sigamos adelante con valentía, confianza y la determinación de alcanzar nuestras metas, sin importar cuán difíciles puedan parecer, queridos compañeros.

***

En mi tercer intento de suicidio solo me quería abrazar todo el rato a mí misma.[4]

---

[4] Totalmente cierto.

5. Adversidad

Parte inevitable de la vida, donde nos enfrentamos a desafíos, obstáculos y momentos difíciles que ponen a prueba nuestra fortaleza y resiliencia.

Puede manifestarse en la forma de problemas personales, dificultades económicas, enfermedades, pérdidas afectivas o situaciones imprevistas.

Sin embargo, la adversidad no debe ser vista como algo necesariamente negativo, sino como una oportunidad para el crecimiento y el aprendizaje.

Cuando enfrentamos la adversidad, tenemos la oportunidad de descubrir nuestra verdadera fuerza interior.

Es en los momentos más difíciles cuando podemos aprender lecciones valiosas sobre nosotros mismos y sobre la vida en general. Nos desafía a encontrar soluciones creativas, a desarrollar la paciencia y a cultivar la resistencia emocional.

A menudo, es en medio de la adversidad donde descubrimos nuestro potencial no explorado y nuestras capacidades para superar situaciones complicadas.

También nos enseña la importancia de la perseverancia. En lugar de rendirnos ante las dificultades, debemos encontrar el coraje para seguir adelante. La perseverancia nos permite superar obstáculos, alcanzar metas y construir un futuro mejor.

Cuando miramos hacia atrás en nuestras vidas, encontramos que las experiencias más desafiantes fueron las que más nos hicieron crecer y evolucionar como individuos.

***

Es como cuando haces el amor en mitad de la noche, que te desvelas y miras a la persona que tienes al lado y empiezas a acariciarla, besarla y desnudarla también. Y de repente, te frena. Y te dice: «Mi amor, ¿te apetece?». Ante lo cual, yo la beso y, con una mirada, se entiende todo.

Queda el calor entre ambos, los gemidos en silencio y las respiraciones fuertes.

***

Y hablando de amor, hablemos del baile, mi primer amor. Donde he compartido diez años de mi vida, donde me han visto crecer tanto física como mentalmente, y es que CYA Studios es mi casa y Cynthia González mi segunda madre.

Solo se me ocurre dar las gracias todo el rato, porque gracias a la danza he descubierto mucho de mí misma, he perdido miedo escénico, sé lo que es llorar de felicidad, sentir un foco de luz, en el escenario, en tu cara, ver a tu madre chillar desde la quinta fila, el compañerismo y la unión. El compromiso y el aprendizaje. La constancia y el esfuerzo. Yo no cambio por nada del mundo esta forma de vivir junto a mi familia, porque son hogar. Y espero que sean hogar toda mi vida.

En mis días malos, me hizo quererme el triple. Me enseñó a valorarme, a explorar, a no juzgarme frente al espejo, a disfrutar bailando, gozarlo y sentir una canción a flor de piel.

***

Los ojos que hay al otro lado
del espejo me gustan. [5]

---

[5] Y qué alegría.

6. Amor

Desde la perspectiva de un adolescente, es una montaña rusa emocional, pero también una experiencia valiosa de crecimiento y descubrimiento. Puede ser un momento para explorar emociones profundas, aprender sobre las relaciones y, lo más importante, aprender sobre uno mismo.

El descubrimiento emocional se trata de comprender y experimentar emociones más intensamente. El amor puede ser una de las emociones más poderosas y nuevas que se sienten. Puede ser emocionante, aterrador y confuso al mismo tiempo.

Las amistades profundas también pueden ser una forma de amor, ya que compartes emociones y momentos especiales con amigos cercanos. Yo, sin duda, he tenido mucha suerte y Lidia sigue cerca de mí. Sin embargo, la autoexploración es superimportante para poder descubrir qué te atrae y qué valoras en una relación. Al igual que las experiencias, pues pueden ser efímeras o intensas, y son ellas quienes pueden enseñarte mucho sobre la comunicación, la empatía, los límites y el respeto en una relación.

La incertidumbre y la vulnerabilidad trata de amar, especialmente cuando no estás seguro de si tus sentimientos son correspondidos. Y esto, junto al temor al rechazo, es super-común en las experiencias amorosas adolescentes.

En las relaciones de amistad y en las relaciones románticas, el amor también puede brindar un apoyo emocional importante. Puedes encontrar consuelo y comprensión en la persona que amas; sin embargo, yo siempre lo encontré en mi madre.

El amor es como un jardín cuidadosamente cultivado. Al principio, es como sembrar una semilla en la tierra fértil de dos corazones. Requiere paciencia y atención constante. Las raíces del amor crecen profundamente, aferrándose a los momentos y experiencias compartidas.

Las flores del amor son las sonrisas, los abrazos y las palabras amables que florecen en el jardín de la relación. Cada flor es única, con sus propios colores y fragancias, representando los momentos especiales y los recuerdos. Pero, como en cualquier jardín, también hay espinas. Las espinas son los desafíos y los obstáculos que encontramos en el camino. Pueden pinchar y doler, pero también nos recuerdan que el amor verdadero es resistente y puede superar las adversidades.

El amor es un viaje constante de crecimiento y cambio. Requiere podar las ramas, que ya no son saludables, y cuidar las que son fuertes. También necesita agua, en forma de comunicación y comprensión, para que el jardín del amor siga floreciendo.

Y, al igual que en un jardín, el amor puede ser una fuente de belleza y alegría. Pero para que florezca y perdure debe ser nutrido y cuidado con cariño.

El amor es como un viaje en un barco a través de un océano interminable. Al principio, estamos solos en nuestro pequeño barco, navegando en aguas desconocidas. A medida que avanzamos, encontramos a alguien que se convierte en nuestro copiloto, compartiendo el timón y los vientos de la vida.

Los momentos de amor son como las olas que nos rodean. Algunas son suaves y tranquilas, brindándonos serenidad y calma. Otras son intensas y desafiantes, sacudiendo nuestro barco y poniendo a prueba nuestra fortaleza. Pero cada ola, sin importar su naturaleza, nos lleva más lejos en nuestro viaje.

Las estrellas en el cielo nocturno son como los sueños compartidos, brillantes y llenos de esperanza. Miramos hacia arriba y encontramos consuelo en su luz, recordándonos que estamos juntos en este viaje, navegando hacia un destino que solo el tiempo revelará.

El amor también tiene su propio faro, una luz guía que nos muestra el camino cuando nos encontramos en aguas oscuras y tormentosas. Es esa conexión especial entre dos personas que ilumina incluso las noches más oscuras y nos ayuda a encontrar nuestro camino de regreso a casa.

En este viaje, a veces nos perdemos, pero siempre encontramos el camino de regreso el uno en el otro. Cada día es una nueva aventura, cada ola una nueva experiencia y cada momento de amor un tesoro en este viaje infinito por el océano del amor.

***

El amor es un viaje sin mapa,
pero con el corazón como brújula.

7. Tú

Parecía que nunca ibas a llegar.

Estás aquí, conmigo, y me he acostumbrado a que estés. Pues no hay mejor sensación que estar con una misma, después de todo. No finjo mi estilo de vida, tengo días buenos y días malos, días de trabajo y días de descanso, y hay días que simplemente son días. Hace un tiempo que me siento cómoda estando así, conmigo, cada día. Porque creo que me debía el tiempo perdido conectada conmigo misma. Y ahora, una vez estoy así, no quiero volver a separarme de mí misma ni un pedacito pequeño, por muy diminuto que sea. Me doy las gracias por aguantar el perdón más sincero y honesto hacia una misma, el perdón más profundo que jamás di a nadie y quizás el mejor de todos, porque era el más bonito y puro. Parecía que nunca llegabas, porque no había espacio para ti o quizás es que yo, simplemente, aún no estaba preparada para hacer ese espacio que necesitabas en mí.

Debo decir que la palabra normal me asusta, como decía Tim Burton. Sin embargo, me encanta el sabor a aceitunas, el tacto de las superficies lisas y la sensación de flotar con los ojos cerrados en el mar. No soporto, en cambio, ver las puertas de los armarios abiertas, abrocharme todos los botones de una camisa o las personas que llevan demasiado perfume.

Me encanta morder la punta del pan recién hecho, andar descalza por la casa, que me besen lentamente la espalda y frotar los pies bajo las sábanas cuando los tengo fríos.

A veces, quiero ser anónima, es decir, oculta pero presente.

Y es que algunas veces me pasa que al final del día soy como esa persona con la que quieres hablar cuando no te apetece hablar con nadie, soy la persona con la que no te sientes juzgada, de quien siempre esperas una notificación, con quien puedes estar en silencio sin que sea incómodo. La persona con la que te sientes en casa sin estarlo y en quien piensas siempre antes de irte a dormir.

Nos hicieron creer que cada uno de nosotros es la mitad de una naranja, y que la vida solo tiene sentido cuando encontramos la otra mitad. No nos contaron que ya nacemos enteros, que nadie merece cargar en las espaldas con la responsabilidad de completar lo que nos falta.

No nos dijeron que solo siendo individuos con personalidad propia podremos tener una relación saludable.

Y entonces, cuando estés enamorado de ti mismo, podrás ser feliz y amar de verdad a alguien, como decía John Lennon.

No me gusta la Navidad, soy de Málaga, del calorcito y mi gente. No puedo olvidarme de mis queridos malagueños, a los que amo con toda mi alma, Bori e Inma.

Tengo mucho que sanar y mucho que aprender.

Hay cosas que quiero ser y todavía no soy.

Hay cosas que soy, pero no quiero ser.

Hay cosas que todavía desconozco y muchas cosas que estoy comenzando a entender.

Y está bien. No me juzgo. Porque estoy en proceso, aprendiendo a valorar quién soy y construyendo quién quiero ser.

A veces es difícil, a veces pierdo mi rumbo, a veces no soy consciente de lo afortunada que soy, a veces se me olvida responderle los mensajes a mis amigas, a veces no llamo a mi madre y a veces gruño por las mañanas por los madrugones que tengo que pegarme.

Pero solo a veces. Otras veces río hasta que me duele la cara, a veces cumplo mis sueños sin ser consciente de que lo estoy haciendo.

Muchas veces estoy orgullosa de mí misma y, sobre todo, estoy feliz de quién soy y de cómo día a día intento asimilar lo que transmito y quiero conseguir conmigo misma.

A veces, y solo a veces, me admiro, y otras veces son solo veces en las que me siento afortunada.

***

Sé tú misma.[6]

---

[6] Siempre.

8. A mis abuelas

Ellas.

Marisol.

Teresa.

María.

Teresa.

Ángela.

Fefi.

Un legado de sonrisas y gratitud.

En el tejido de mi existencia, las hebras de la fortaleza y la luz están entrelazadas por las manos amorosas de mis abuelas. Cada línea de sus historias es una lección de coraje y fortaleza, una narrativa que ha dado forma a mi propio relato.

En el cielo, una de ellas, TERESA, se rige como mi ángel de la guarda. Aunque su presencia física ya no ilumina mi camino, su esencia sigue bailando en las brisas, guiándome con cada susurro de nostalgia.

Mi yayi, MARISOL, es una presencia terrestre, es mi faro, mi ejemplo que seguir en este viaje llamado vida. Mi guerrera. Luchadora. Y mi fortaleza. Es mi *sorry*. Te amo, abuelita.

En el santuario de sus abrazos encuentro refugio; en el eco de sus risas hallé la melodía que endereza las encrucijadas del destino. Y es que, como dice una de ellas: «Las sonrisas son las curvas que lo enderezan todo». Una verdad inmortal que llevan con gracia y que ahora se convierte en mi mantra diario.

Cuando estoy con ella, a ella se le ilumina la cara y de vez en cuando le acompaña una lágrima diciéndome: «Hija, te quiero». Y sí, hablo de mi abuela TERESA, una mujer guerrera que utiliza una especie de cuerda para subir la llave hasta su casa y no bajar. Además de preparar el mejor café con churros del mundo.

Admiro cada vez que juega con mi hermana y nunca nunca se le olvida ponerme aceitunas y un Nestea para picar. Hablo de ti, FEFI, una abuela que, sin ser de sangre me quiere como tal. Desde el cielo te cuidan y te admiran tanto como yo. Eres especial, lo dicen tus ojos. Te admiro. Te admiro mucho.

En el abrazo de sus recuerdos encuentro consuelo. En el resplandor de su amor descubro la fuerza para enfrentar los desafíos. MARÍA es la esencia que perfuma mi existencia, y aunque el tiempo avance, su influencia perdurará en las demás generaciones. Cada mañana me dice «prenda, te quiero» a través del teléfono. Lo que ella no sabe es que la abrazaría fuerte cada día.

Con cada consejo ella, ÁNGELA, ha tenido en mí una red de sabiduría que se despliega como un mapa en mi mente, guiándome a través de los senderos de la vida. Sus palabras son como tesoros, guardados celosamente en el cofre de mi corazón, desplegándose en momentos de duda y brindando consuelo en las noches oscuras. Siempre íbamos a coger caracoles después de llover y me hacía huevos fritos con patatas para comer.

Recuerdo las tardes en las que sus manos arrugadas acariciaban mi rostro, transmitiendo historias de tiempos pasados, como hojas de un libro antiguo que nunca perderán su encanto. Cada arruga en sus manos cuenta una historia, una historia de amor, resistencia y perseverancia.

Son mis guerreras, mis protectoras, mis raíces que se aferran fuerte a la tierra de la familia. Su legado es una sinfonía de risas, lágrimas y abrazos que resuena en los pasillos del tiempo.

Hoy, al escribir estas palabras, las envuelvo con gratitud. No solo por lo que me han dado, sino por lo que han sido. Mis abuelas son más que recuerdos; son las columnas que sostienen el edificio de mi vida y los peldaños que me elevan hacia la mejor versión de mí misma.

Las quiero con mi alma, un amor que trasciende las fronteras del tiempo y el espacio. Este capítulo final es un tributo a su legado, una oda a la belleza de su espíritu eterno.

FIN

Índice